Impressum
Verlag: BABADADA GmbH, Nedderfeld 112 , 22529 Hamburg
Geschäftsführer / Verlagsleitung: Harald Hof
Druck: Books on Demand GmbH, In de Tarpen 42, 22848 Norderstedt

Imprint
Publisher: BABADADA GmbH, Nedderfeld 112 , 22529 Hamburg, Germany
Managing Director / Publishing direction: Harald Hof
Print: Books on Demand GmbH, In de Tarpen 42, 22848 Norderstedt

škola
school

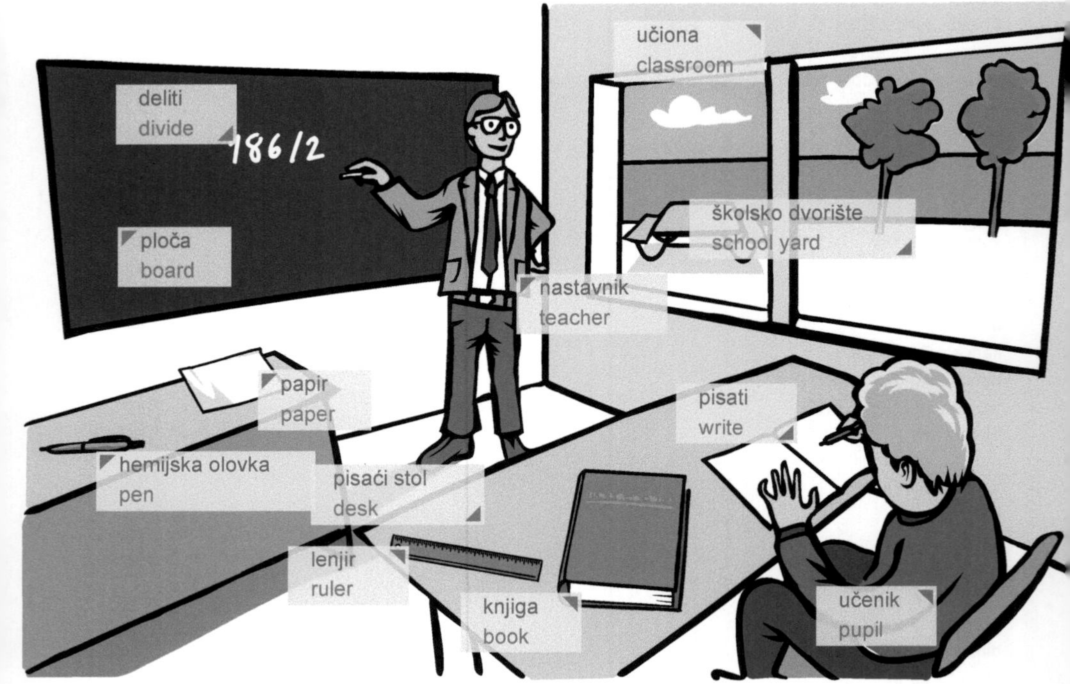

učiona
classroom
deliti
divide
186/2
ploča
board
školsko dvorište
school yard
nastavnik
teacher
papir
paper
pisati
write
hemijska olovka
pen
pisaći stol
desk
lenjir
ruler
knjiga
book
učenik
pupil

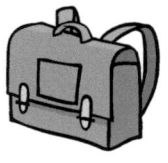

torba
satchel

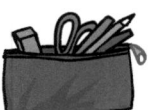

pernica
pencil case

grafitna olovka
pencil

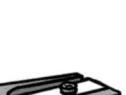

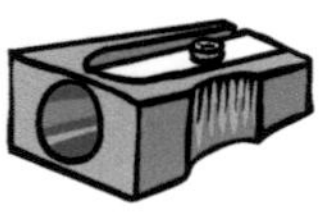
šiljilo za olovke
pencil sharpener

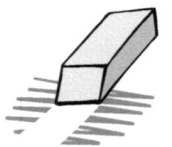

gumica za brisanje
rubber

blok za crtanje
drawing pad

crtež
drawing

kist
paintbrush

kutija sa bojama
paint box

makaze
scissors

lepilo
glue

beležnica
exercise book

domaći zadatak
homework

broj
number

sabirati
add

oduzimati
subtract

množiti
multiply

računati
calculate

slovo
letter

abeceda
alphabet

reč
word

tekst

text

čitati

read

kreda

chalk

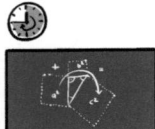

čas

lesson

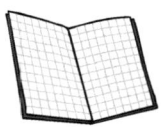

dnevnik

register

ispit

examination

svedočanstvo

certificate

školska uniforma

school uniform

obrazovanje

education

leksikon

encyclopedia

univerzitet

university

mikroskop

microscope

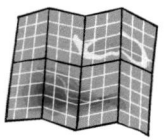

karta

map

košara za papir

waste-paper basket

škola - school

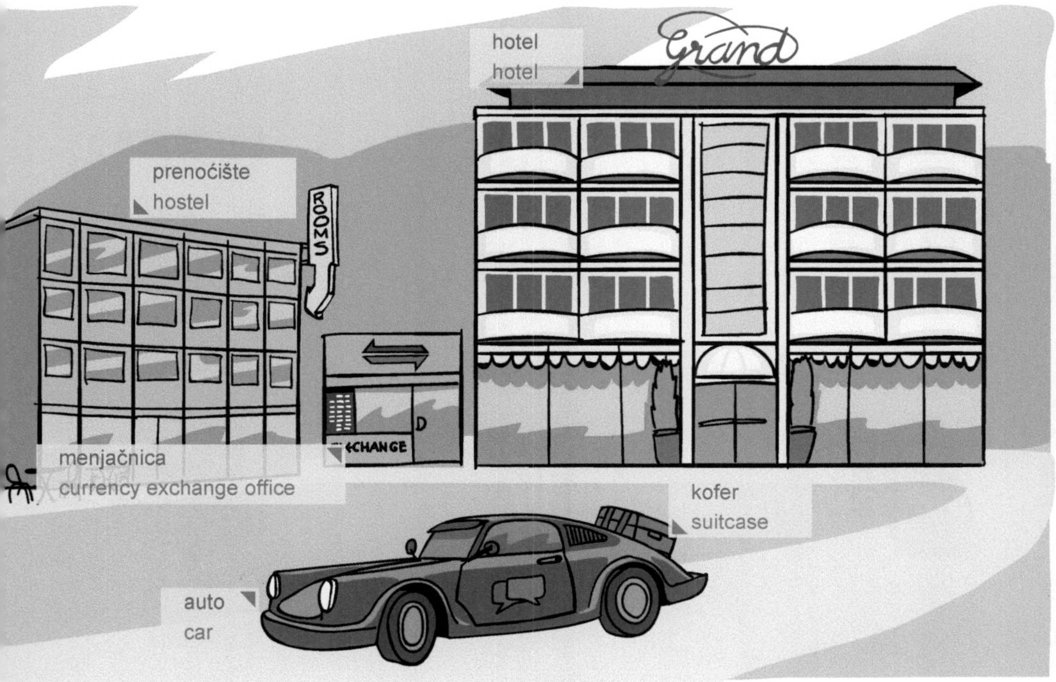

hotel
hotel
Grand
prenoćište
hostel
ROOMS
EXCHANGE
menjačnica
currency exchange office
kofer
suitcase
auto
car

jezik

language

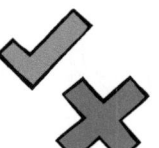

da / ne

yes / no

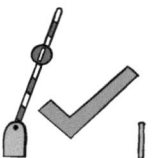

okej

Okay

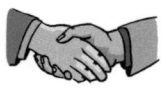

zdravo

hello

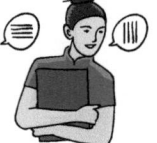

prevodilac

translator

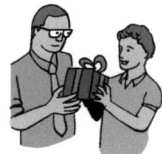

hvala

Thank you

Koliko košta...?
how much is…?

ne razumem
I don´t get it

problem
problem

dobro veče!
Good evening!

Dobro jutro!
Good morning!

Laku noć!
Good night!

doviđenja
goodbye

smer
direction

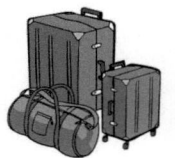

prtljaga
luggage

torba
bag

ruksak
backpack

gost
guest

soba
room

vreća za spavanje
sleeping bag

šator
tent

turističke informacije

tourist information

plaža

beach

kreditna kartica

credit card

doručak

breakfast

ručak

lunch

večera

dinner

karta za vožnju

Ticket

lift

elevator

poštanska markica

stamp

granica

border

carina

customs

ambasada

embassy

viza

visa

pasoš

passport

transport

transport

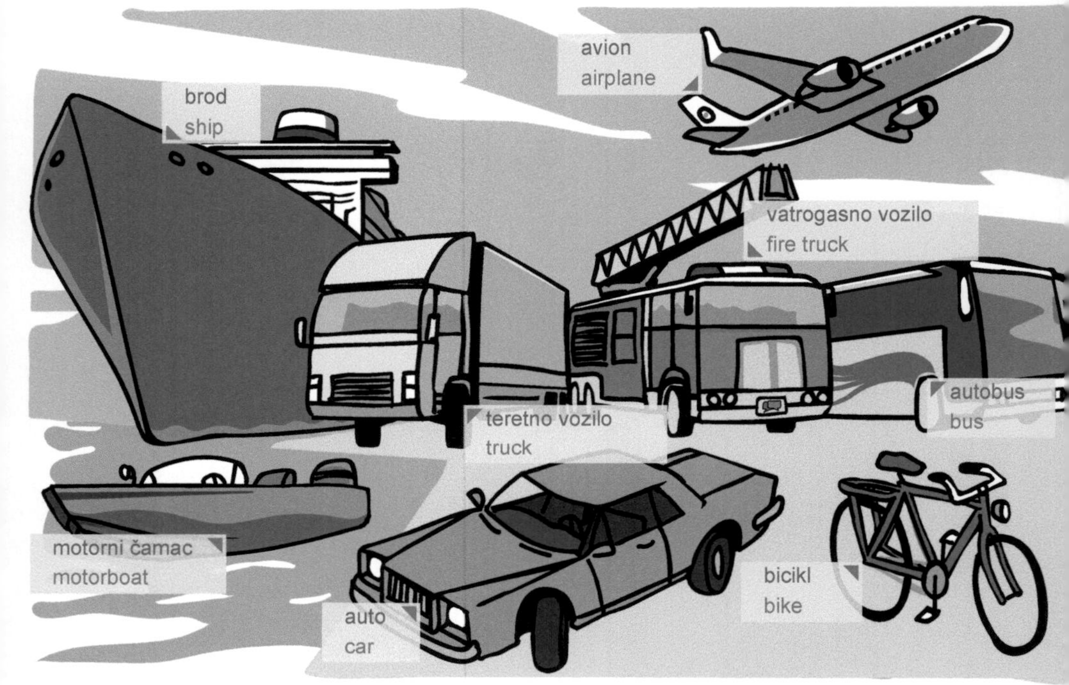
avion
airplane
brod
ship
vatrogasno vozilo
fire truck
autobus
bus
teretno vozilo
truck
motorni čamac
motorboat
bicikl
bike
auto
car

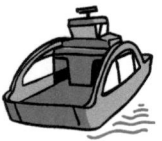

trajekt

ferry

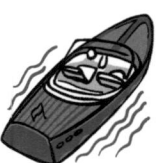

čamac

boat

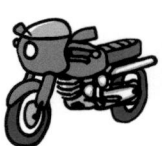

motocikl

motorbike

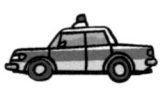

policijski auto

police car

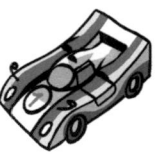

trkaći auto

racing car

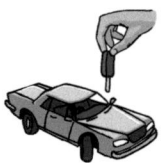

iznajmljeno auto

rental car

delenje automobila

car sharing

vučno vozilo

tow truck

vozilo za odvoz smeća

garbage truck

motor

engine

benzin

fuel

benzinska stanica

fuel station

saobraćajni znak

traffic sign

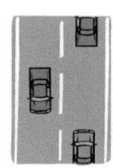

saobraćaj

traffic

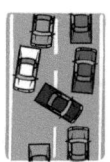

zastoj

traffic jam

parkiralište

parking lot

železnička stanica

train station

šine

tracks

voz

train

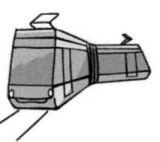

tramvaj

tram

vagon

wagon

helikopter
helicopter

aerodrom
airport

kula
tower

putnik
passenger

kontejner
container

karton
carton

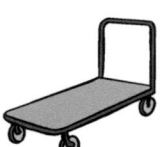

kolica
cart

korpa
basket

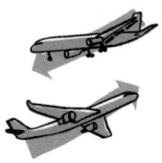

uzleteti / sleteti
take off / land

grad
city

selo
village

centar grada
city center

kuća
house

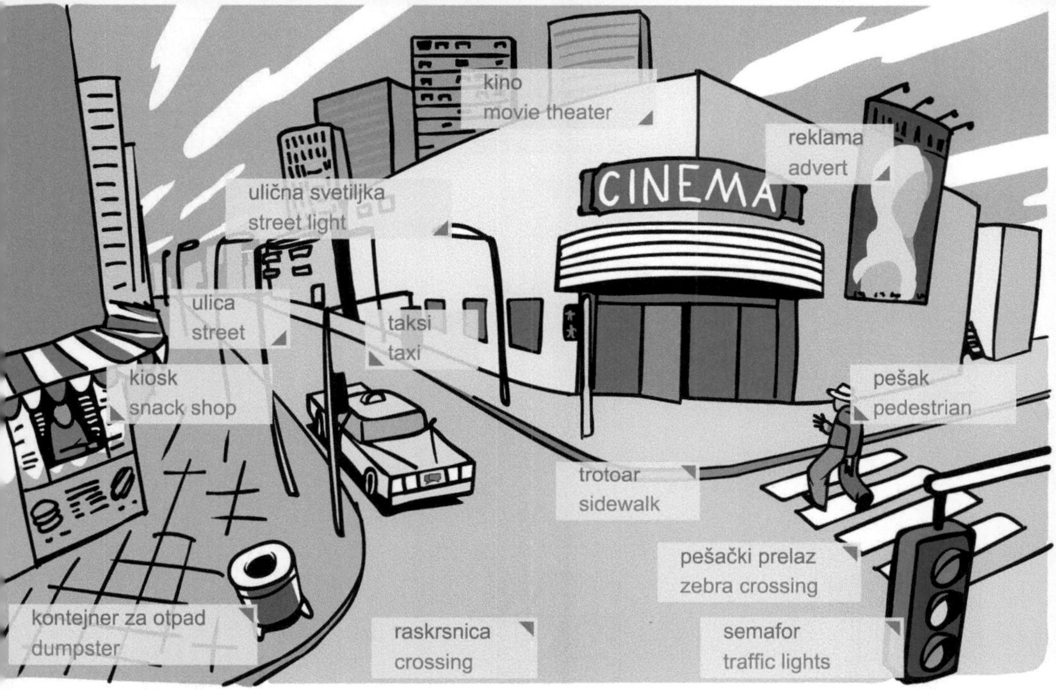

kino
movie theater

reklama
advert

ulična svetiljka
street light

ulica
street

taksi
taxi

kiosk
snack shop

pešak
pedestrian

trotoar
sidewalk

pešački prelaz
zebra crossing

kontejner za otpad
dumpster

raskrsnica
crossing

semafor
traffic lights

koliba
hut

stan
apartment

željeznička stanica
train station

većnica
city hall

muzej
museum

škola
school

univerzitet

university

banka

bank

bolnica

hospital

hotel

hotel

apoteka

pharmacy

kancelarija

office

knjižara

book shop

prodavnica

shop

cvećara

flower shop

supermarket

supermarket

trg

market

robna kuća

department store

ribarnica

fishmonger's shop

trgovački centar

mall

luka

harbor

park
park

klupa
bench

most
bridge

stepenice
stairs

podzemna železnica
subway

tunel
tunnel

autobuska stanica
bus stop

bar
bar

restoran
restaurant

poštansko sanduče
postbox

ulični znak
street sign

parkirni automat
parking meter

zoološki vrt
zoo

bazen
swimming pool

džamija
mosque

grad - city

seosko gazdinstvo
farm

zagađenje okoline
pollution

groblje
cemetery

crkva
church

igralište
playground

hram
temple

pejsaž

landscape

list
leaf

putokaz
signpost

put
path

livada
meadow

kamen
stone

drvo
tree

šetač
hiker

reka
river

trava
grass

cvijet
flower

dolina
valley

planina
hill

jezero
lake

šuma
forest

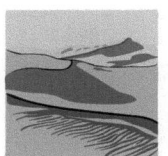

pustinja
desert

vulkan
volcano

dvorac
castle

duga
rainbow

gljiva
mushroom

palma
palm tree

moskito
mosquito

muva
fly

mrav
ant

pčela
bee

pauk
spider

buba

beetle

žaba

frog

veverica

squirrel

jež

hedgehog

zec

hare

sova

owl

ptica

bird

labud

swan

divlja svinja

boar

jelen

deer

los

moose

nasip

dam

vetrenjača

wind turbine

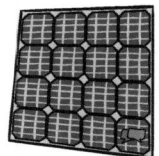

solarna ploča

solar panel

klima

climate

restoran
restaurant

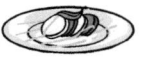

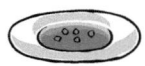

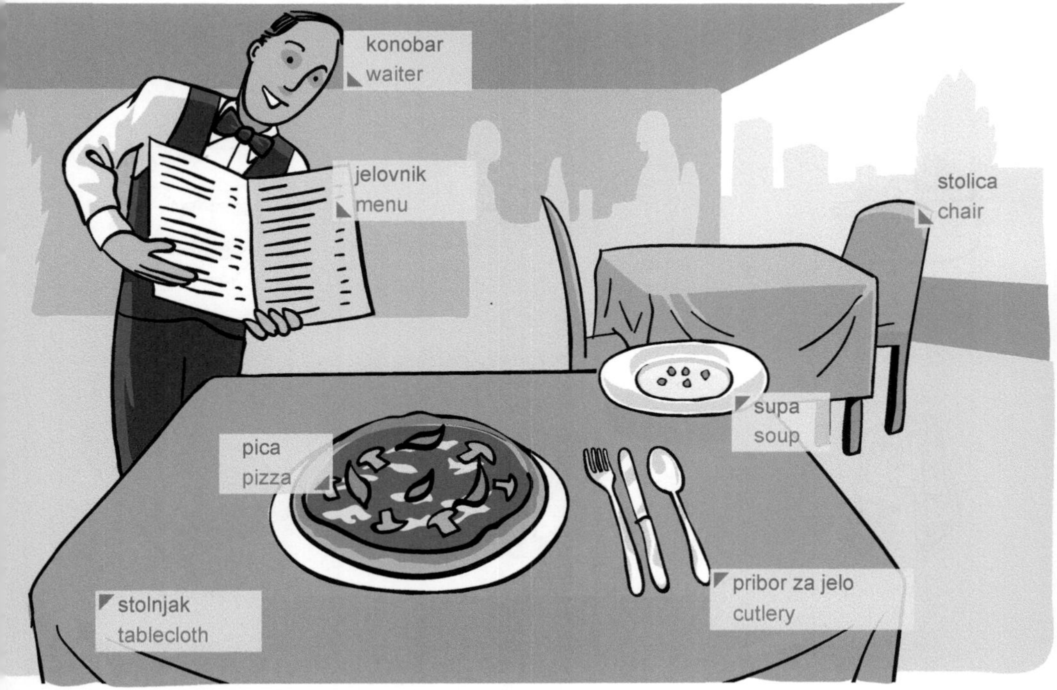
konobar
waiter
jelovnik
menu
stolica
chair
supa
soup
pica
pizza
pribor za jelo
cutlery
stolnjak
tablecloth

predjelo

starter

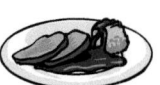

glavno jelo

main course

desert

dessert

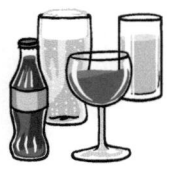

napitci

drinks

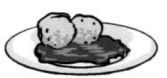

jelo

food

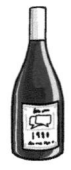

flaša

bottle

brza hrana
fast food

imbis hrana
street food

čajnik
teapot

doza za šećer
sugar bowl

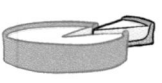

porcija
portion

aparat za espresso
espresso machine

visoka stolica
high chair

račun
bill

poslužavnik
tray

nož
knife

viljuška
fork

kašika
spoon

čajna kašika
teaspoon

salveta
serviette

čaša
glass

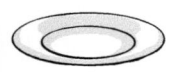

tanjir

plate

tanjir za supu

soup plate

tanjirić

saucer

sos

sauce

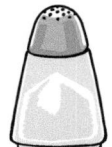

soljenka

salt shaker

mlin za biber

pepper mill

sirće

vinegar

ulje

oil

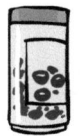

začini

spices

kečap

ketchup

senf

mustard

majoneza

mayonnaise

supermarket

supermarket

ponuda
special offer
FOR
kupac
customer
mlečni proizvodi
dairy products
voće
fruit
kolica za kupovinu
shopping cart

BUTCHERS

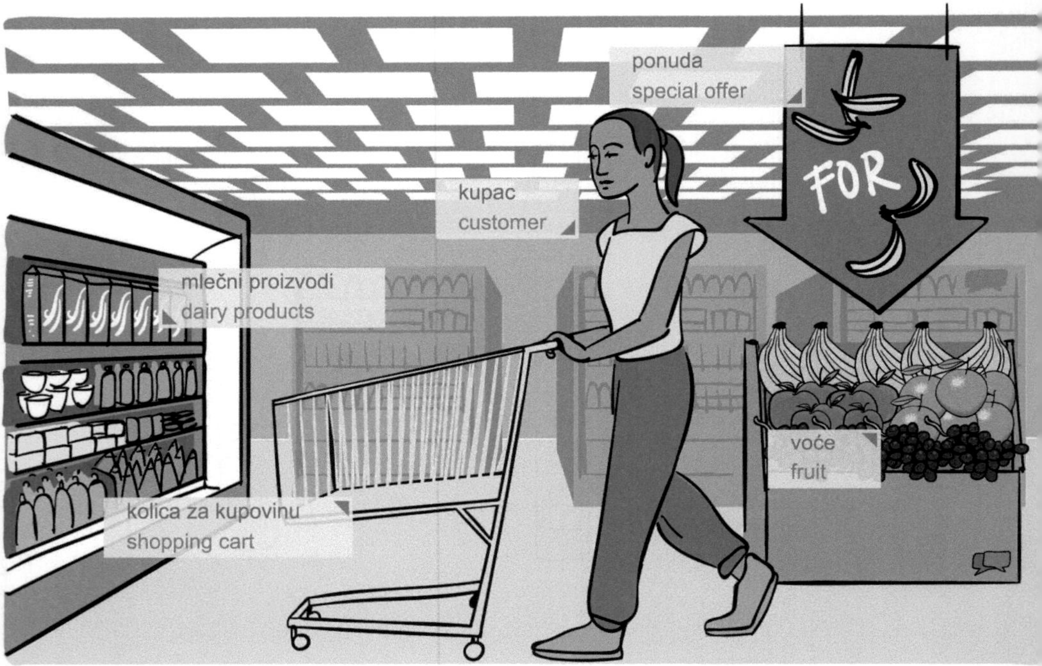

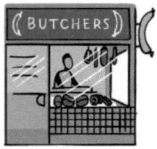

mesnica

butcher's shop

BAKERY

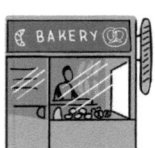

pekara

bakery

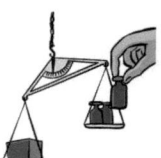

vagati

weigh

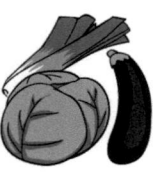

povrće

vegetables

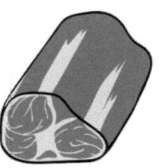

meso

meat

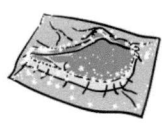

smrznuta hrana

frozen food

narezak

cold cuts

konzerve

canned food

sredstvo za pranje

detergent

slatkiši

candy

artikli za domaćinstvo

household products

sredstva za čišćenje

cleaning products

prodavačica

sales representative

blagajna

cash register

blagajnik

cashier

lista za kupovinu

shopping list

vreme rada

opening hours

novčanik

wallet

kreditna kartica

credit card

torba

bag

plastična kesa

plastic bag

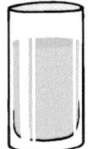  

voda	sok	mleko
water	juice	milk

kola	vino	pivo
coke	wine	beer

alkohol	kakao	čaj
alcohol	cocoa	tea

kava	espresso	cappuccino
coffee	espresso	cappuccino

banana

banana

jabuka

apple

narandža

orange

lubenica

melon

limun

lemon

šargarepa

carrot

beli luk

garlic

bambus

bamboo

luk

onion

gljiva

mushroom

orašasti plodovi

nuts

rezanci

noodles

špagete

spaghetti

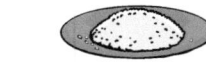

riža

rice

salata

salad

pomfrit

fries

pečeni krumpir

fried potatoes

pica

pizza

hamburger

hamburger

sendvič

sandwich

šnicla

escalope

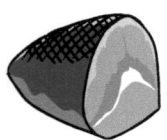

šunka

ham

salama

salami

kobasica

sausage

kokoš

chicken

pečenje

roast

riba

fish

jelo - food

zobene pahuljice

porridge oats

musli

muesli

kukuruzne pahuljice

cornflakes

brašno

flour

kroasan

croissant

pecivo

bread roll

hleb

bread

toast

toast

keksi

cookies

maslac

butter

sveži sir

curd

kolač

cake

jaje

egg

jaje na oko

fried egg

sir

cheese

sladoled

ice cream

šećer

sugar

med

honey

marmelada

jelly

nugat krema

nougat cream

kari

curry

jelo - food

seosko gazdinstvo
farm

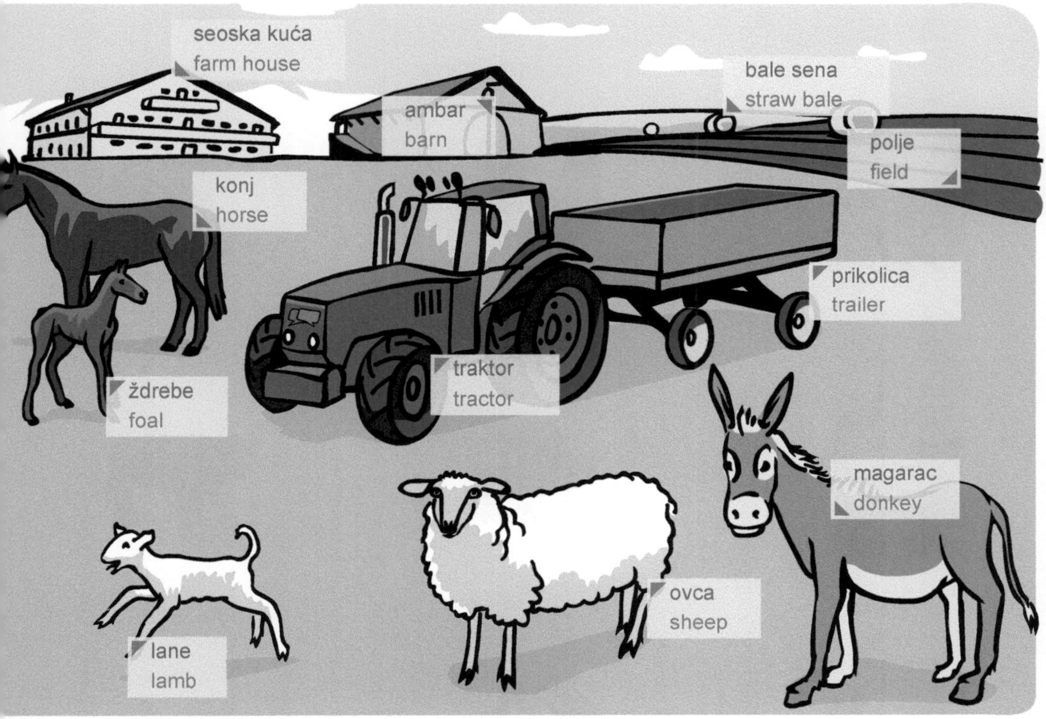

seoska kuća
farm house
ambar
barn
bale sena
straw bale
polje
field
konj
horse
prikolica
trailer
traktor
tractor
ždrebe
foal
magarac
donkey
ovca
sheep
lane
lamb

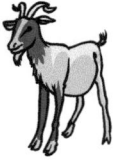

koza

goat

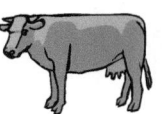

krava

cow

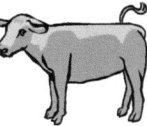

tele

calf

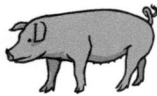

svinja

pig

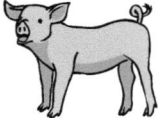

prase

piglet

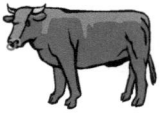

bik

bull

guska
goose

patka
duck

pilići
chick

kokoš
hen

petao
cockerel

pacov
rat

mačka
cat

miš
mouse

vol
ox

pas
dog

kućica za psa
dog house

vrtno crevo
garden hose

kanta za polivanje
watering can

kosa
scythe

plug
plow

srp

sickle

motika

hoe

viljuška za đubrivo

pitchfork

sekira

axe

tačke

pushcart

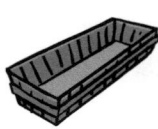

korito

trough

posuda za mleko

milk can

vreća

sack

ograda

fence

štala

stable

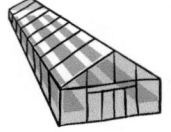

staklenik

greenhouse

zemlja

soil

seme

seed

đubrivo

fertilizer

kombajn

combine harvester

žeti

harvest

žetva

harvest

jams začin

yams

pšenica

wheat

soja

soya

krumpir

potato

kukuruz

corn

uljana repica

rapeseed

voćka

fruit tree

gomolj manioke

manioc

žitarice

grain

kuća
house

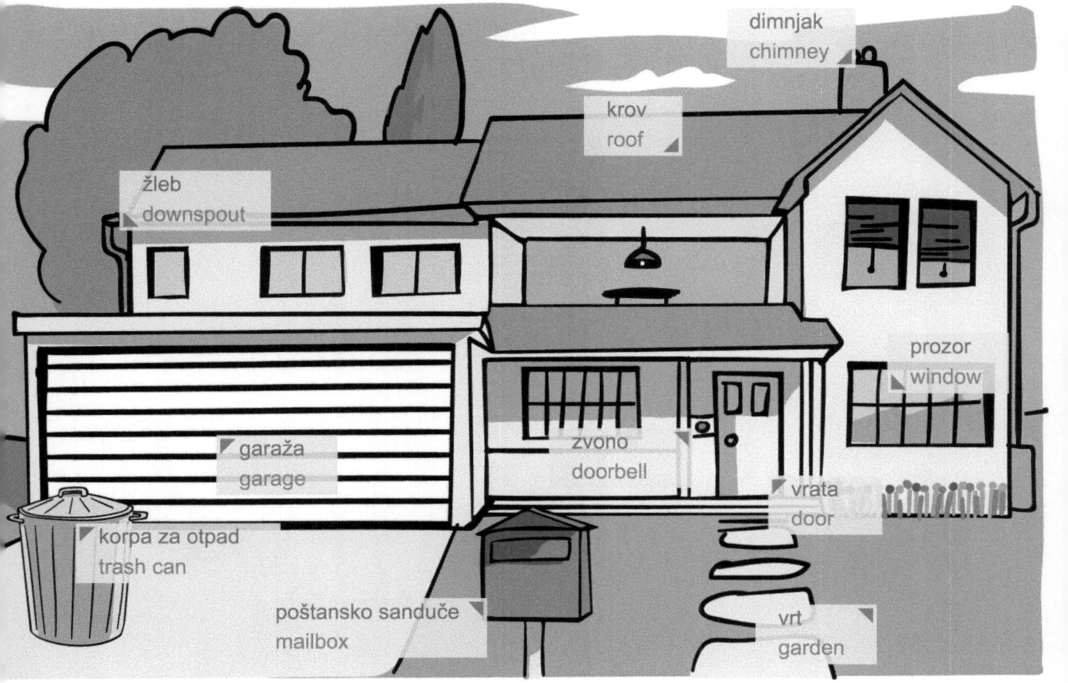

dimnjak
chimney
krov
roof
žleb
downspout
prozor
window
garaža
garage
zvono
doorbell
vrata
door
korpa za otpad
trash can
poštansko sanduče
mailbox
vrt
garden

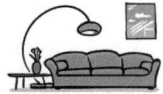

dnevna soba

living room

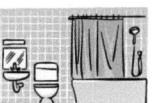

kupaonica

bathroom

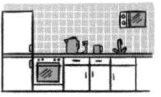

kuhinja

kitchen

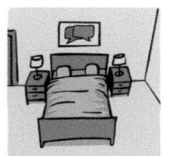

spavaća soba

bedroom

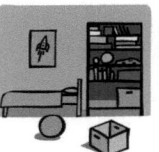

dečija soba

kids room

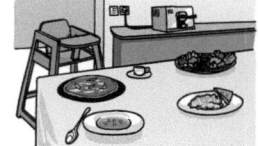

trpezarija

dining room

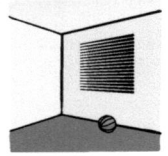

pod

floor

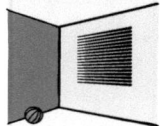

zid

wall

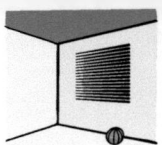

strop

ceiling

podrum

cellar

sauna

sauna

balkon

balcony

terasa

terrace

bazen

pool

kosilica za travu

lawn mower

posteljina za krevet

sheet

deka za krevet

bedspread

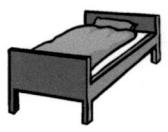

krevet

bed

metla

broom

kanta

bucket

prekidač

switch

dnevna soba
living room

tapeta
wallpaper
slika
picture
svetiljka
lamp
regal
shelf
ormar
cabinet
televizija
television
kamin
fireplace
cvijet
flower
jastuk
cushion
kauč
sofa
vaza
vase
daljinski upravljač
remote control

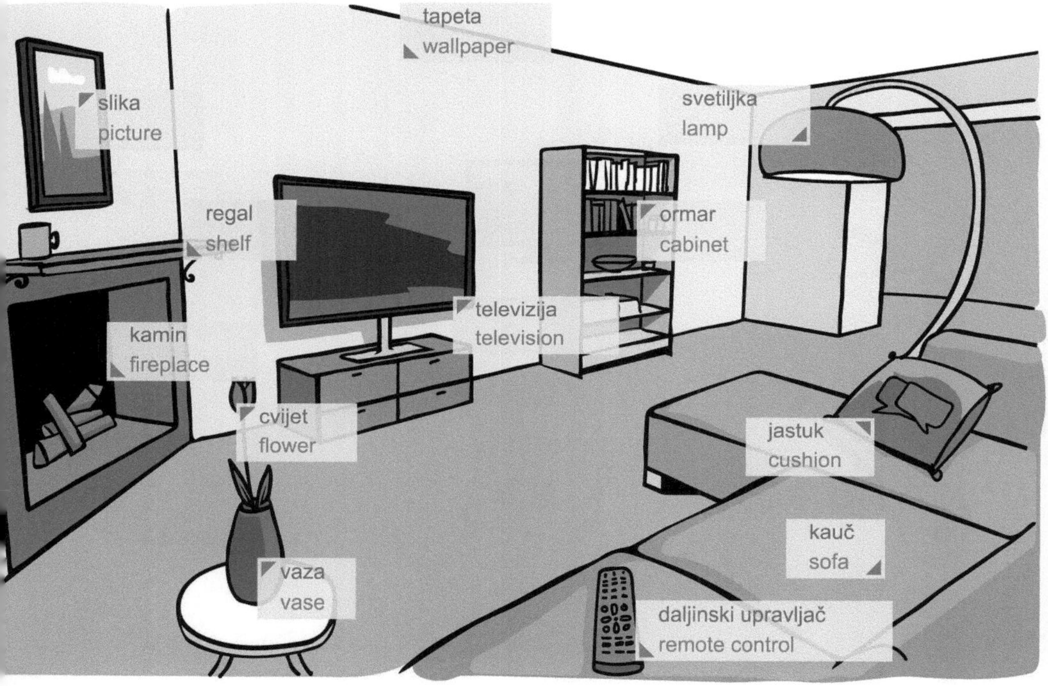

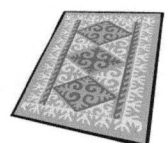

tepih

carpet

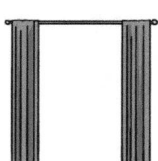

zavesa

drape

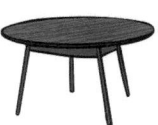

sto

table

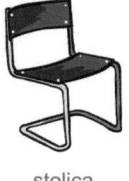

stolica

chair

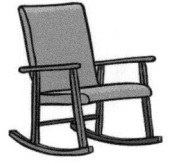

stolica za njihanje

rocking chair

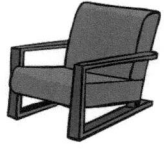

fotelja

armchair

knjiga

book

deka

blanket

dekoracija

decoration

drvo za ogrev

firewood

film

film

hi-fi uređaj

stereo system

ključ

key

novine

newspaper

slika na platnu

painting

poster

poster

radio

radio

blok za pisanje

notebook

usisivač

vacuum cleaner

kaktus

cactus

sveća

candle

kuhinja
kitchen

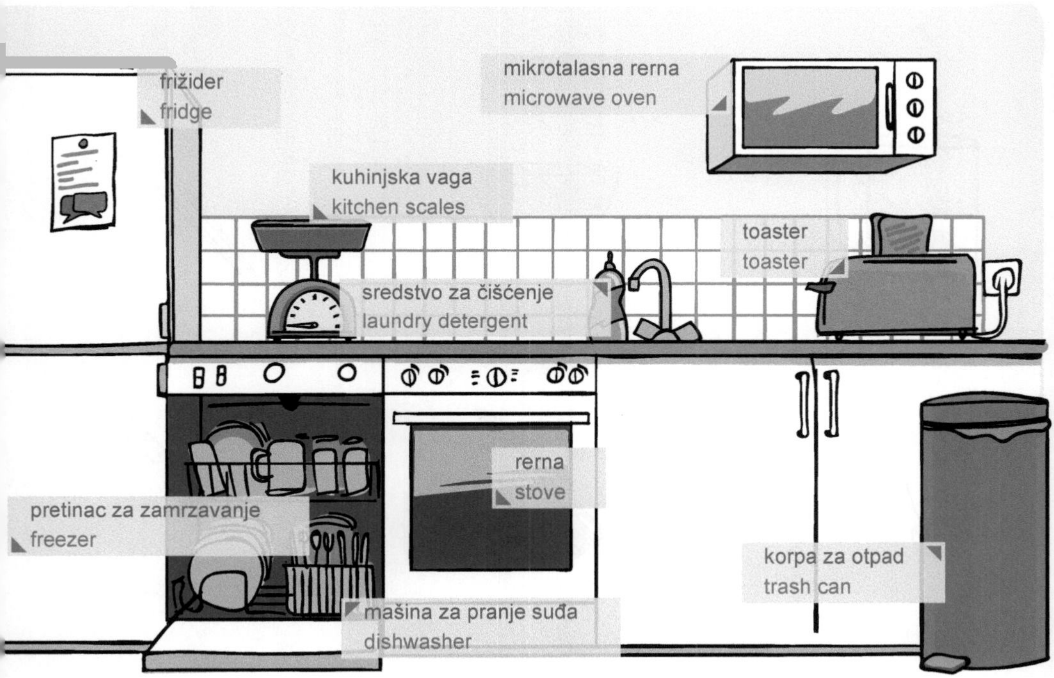

frižider
fridge
mikrotalasna rerna
microwave oven
kuhinjska vaga
kitchen scales
toaster
toaster
sredstvo za čišćenje
laundry detergent
rerna
stove
pretinac za zamrzavanje
freezer
korpa za otpad
trash can
mašina za pranje suđa
dishwasher

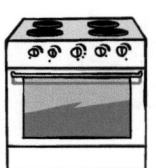

šporet

cooker

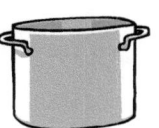

lonac

pot

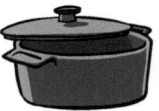

gvozdeni lonac

cast-iron pot

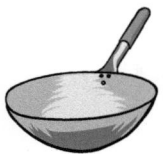

wok / kadai

wok / kadai

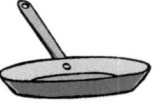

tava

pan

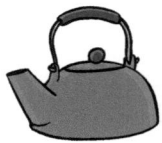

kuvalo za vodu

kettle

kuvalo na paru

steamer

lim za pečenje

baking tray

posuđe

crockery

čaša

mug

posuda

bowl

štapići za jelo

chopsticks

kutlača

ladle

lopatica

spatula

penjača

whisk

sito za kuvanje

strainer

sito

sieve

ribež

grater

mužar

mortar

roštilj

barbecue

ognjište

fireplace

daska
chopping board

oklagija
rolling pin

vadičep
corkscrew

konzerva
can

otvarač konzervi
can opener

krpa za lonac
oven cloth

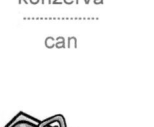

sudoper
sink

četka
brush

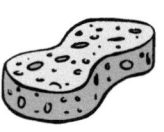

sunđer
sponge

mikser
blender

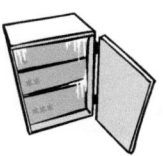

zamrzivač
deep freezer

flašica za bebe
baby bottle

slavina za vodu
tap

kupaonica
bathroom

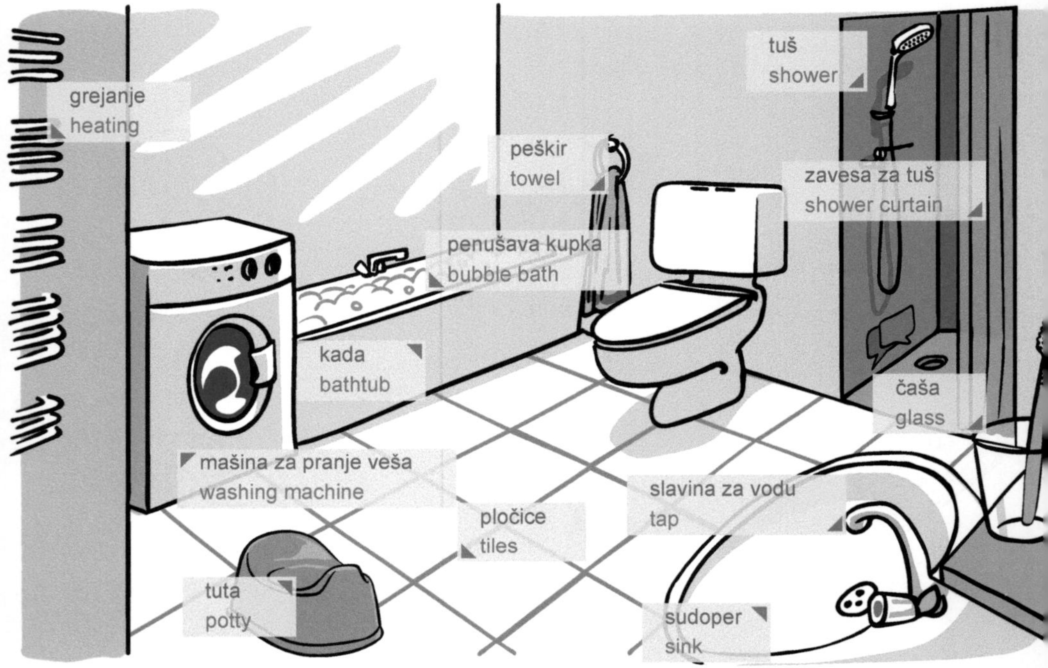

grejanje
heating
peškir
towel
tuš
shower
zavesa za tuš
shower curtain
penušava kupka
bubble bath
kada
bathtub
čaša
glass
mašina za pranje veša
washing machine
slavina za vodu
tap
pločice
tiles
tuta
potty
sudoper
sink

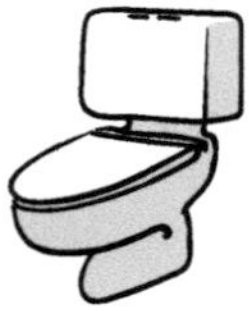

toalet

toilet

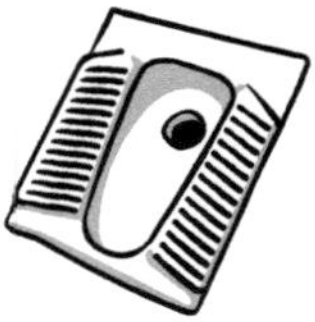

čučavac

squat toilet

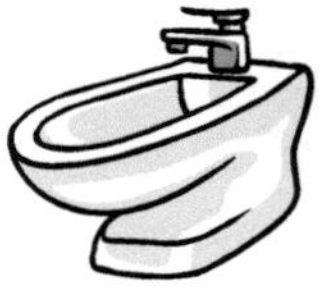

bidet

bidet

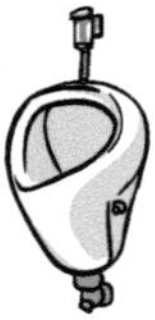

pisoar

urinal

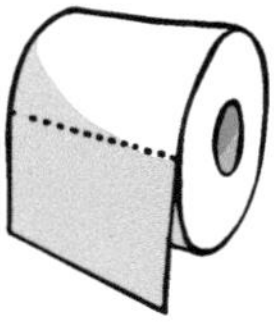

toaletni papir

toilet paper

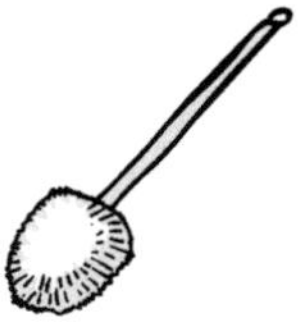

četka za toalet

toilet brush

četkica za zube

toothbrush

pasta za zube

toothpaste

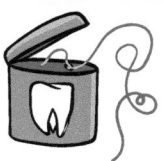

konac za zube

dental floss

prati

wash

tuš ručica

hand shower

tuš za pranje intimnih delova

douche

lavor

basin

četka za pranje leđa

back brush

sapun

soap

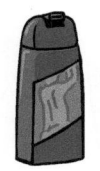

gel za tuširanje

shower gel

šampon

shampoo

krpa za pranje

flannel

odvod

drain

krema

creme

dezodorans

deodorant

ogledalo

mirror

kozmetičko ogledalo

hand mirror

brijač

razor

pena za brijanje

shaving foam

losion za posle brijanja

aftershave

češalj

comb

četka

brush

fen za kosu

hair-dryer

sprej za kosu

hairspray

makeup

makeup

ruž za usne

lipstick

lak za nokte

nail varnish

vata

cotton wool

makaze za nokte

nail scissors

parfem

perfume

kozmetička torbica
....
washbag

stolica
....
stool

vaga
....
weighing scales

ogrtač
....
bathrobe

rukavice za čišćenje
....
rubber gloves

tampon
....
tampon

uložak
....
sanitary towel

hemijski toalet
....
chemical toilet

dečija soba

kids room

budilnik
alarm clock
plišana igračka
cuddly toy
auto igračka
toy car
zvečka
rattle
kućica za lutke
doll's house
poklon
present

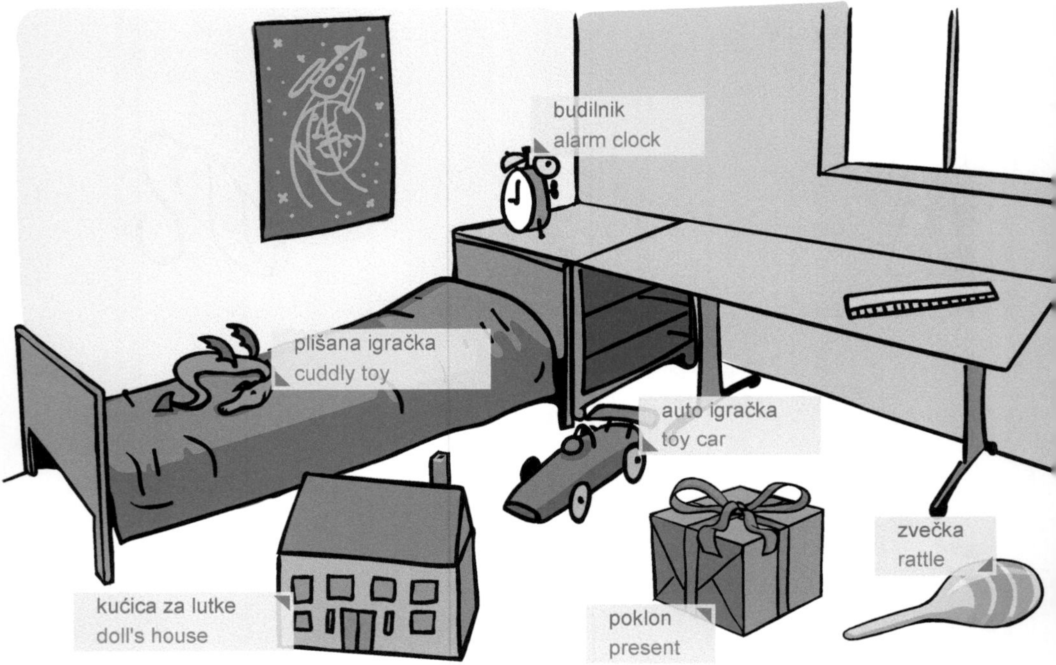

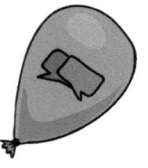

balon

balloon

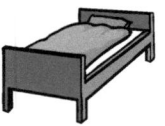

krevet

bed

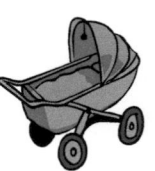

dječija kolica

stroller

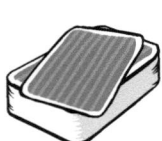

igra s kartama

deck of cards

slagalica

jigsaw

SUPER
MEGA

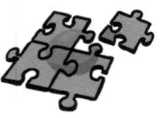

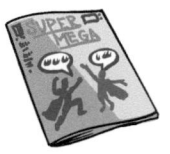

strip

comic

lego kockice

lego bricks

kockice za slaganje

toy blocks

akcioni junak

action figure

benkica za bebe

romper suit

frizbi

frisbee

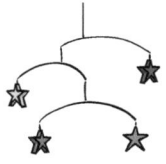

viseće igračke

mobile

društvene igre

board game

kocka

dice

minijaturna željeznica

model train set

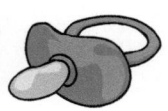

duda

pacifier

zabava

party

slikovnica

picture book

lopta

ball

lutka

doll

igrati

play

pješčanik

sandpit

ljuljačka

swing

igračka

toys

konzola za igre

video game console

tricikl

tricycle

tedi

teddy bear

ormar

wardrobe

odeća

clothing

kratke čarape

socks

čarape

stockings

hulahopke

tights

šal
scarf

kišobran
umbrella

majica
t-shirt

kaiš
belt

čizme
boots

papuče
slippers

patike
sneakers

sandale
·················
sandals

cipele
·················
shoes

gumene čizme
·················
rubber boots

gaćice
·················
underwear

grudnjak
·················
bra

potkošulja
·················
undershirt

bodi
body

pantalone
pants

farmerke
jeans

suknja
skirt

bluza
blouse

košulja
shirt

džemper
pullover

džemper s kapuljačom
sweater

sako
blazer

jakna
jacket

kaput
coat

kabanica
raincoat

kostim
costume

haljina
dress

venčanica
wedding dress

odeća - clothing

odelo

suit

spavaćica

nightgown

pidžama

pajamas

sari

sari

marama za glavu

headscarf

turban

turban

burka

burka

kaftan

kaftan

abaja

abaya

kupaći kostim

swimsuit

kupaće gaćice

trunks

kratke pantalone

shorts

odeća za trening

tracksuit

kecelja

apron

rukavice

gloves

odeća - clothing

dugme

button

naočare

glasses

narukvica

bracelet

ogrlica

necklace

prsten

ring

naušnica

earring

kapa

cap

vešalica

coat hanger

šešir

hat

kravata

tie

patent zatvarač

zip

kaciga

helmet

naramenice

braces

školska uniforma

school uniform

uniforma

uniform

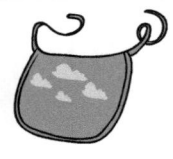

podbradak

bib

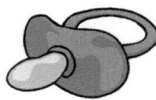

duda

pacifier

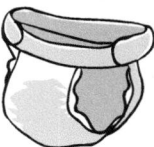

pelena

diaper

kancelarija
office

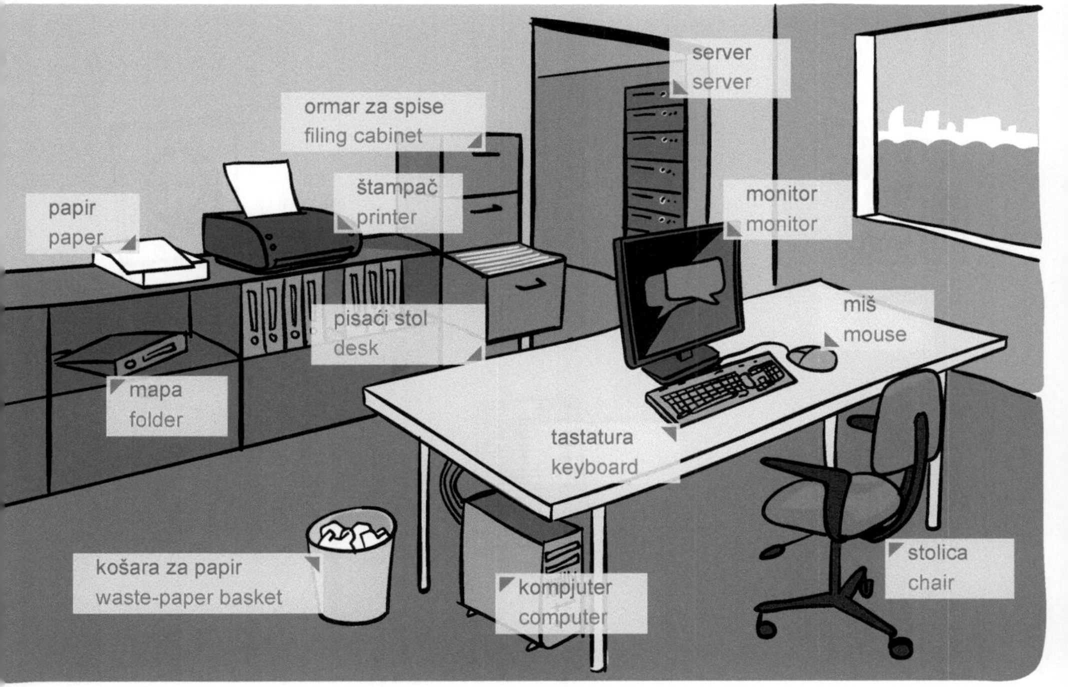

server
server
ormar za spise
filing cabinet
papir
paper
štampač
printer
monitor
monitor
miš
mouse
pisaći stol
desk
mapa
folder
tastatura
keyboard
košara za papir
waste-paper basket
kompjuter
computer
stolica
chair

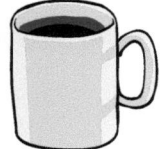

šalica za kavu

coffee mug

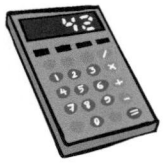

kalkulator

calculator

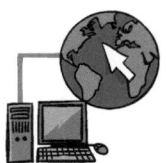

internet

internet

laptop

laptop

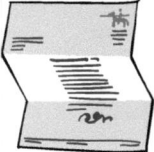

pismo

letter

poruka

message

mobilni telefon

cell phone

mreža

network

uređaj za kopiranje

photocopier

softver

software

telefon

telephone

utičnica

plug socket

faks

fax machine

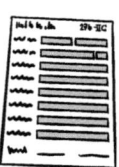

formular

form

dokument

document

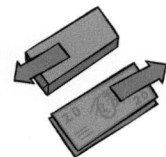

kupovati

buy

platiti

pay

trgovati

trade

novac

money

dolar

dollar

evro

euro

JPY

jen

yen

RUB

rublja

rouble

CHF

švajcarski franak

Swiss franc

CNY

renmindbi juan

renminbi yuan

INR

rupija

rupee

automat za novac

cash point

menjačnica

currency exchange office

zlato

gold

srebro

silver

nafta

oil

energija

energy

cena

price

ugovor

contract

porez

tax

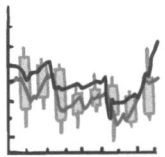

deonica

stock

raditi

work

službenik

employee

poslodavac

employer

fabrika

factory

prodavnica

shop

zanimanja
occupations

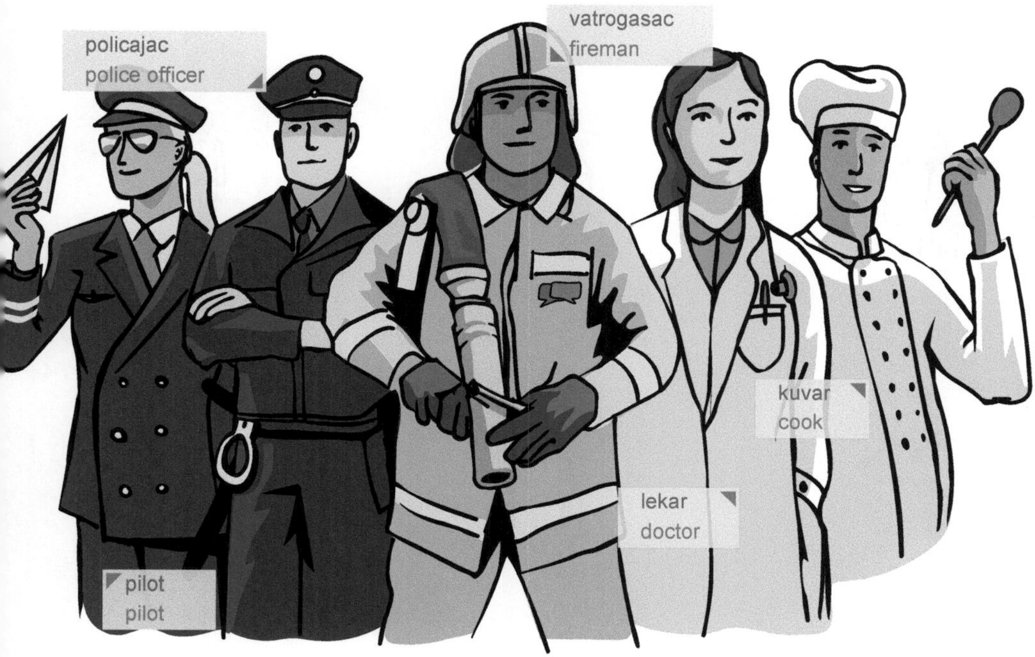
policajac
police officer
vatrogasac
fireman
kuvar
cook
lekar
doctor
pilot
pilot

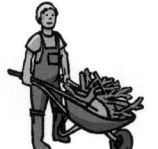

vrtlar

gardener

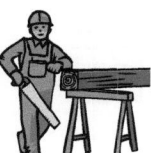

stolar

carpenter

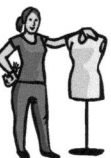

krojačica

seamstress

sudija

judge

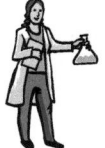

hemičar

chemist

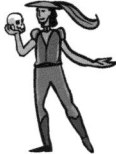

glumac

actor

vozač autobusa

bus driver

vozač taksija

taxi driver

ribar

fisherman

čistačica

cleaning lady

krovopokrivač

roofer

konobar

waiter

lovac

hunter

slikar

painter

pekar

baker

električar

electrician

građevinski radnik

builder

inženjer

engineer

mesar

butcher

limar

plumber

poštar

postman

vojnik
soldier

arhitekta
architect

blagajnik
cashier

cvećar
florist

frizer
hairdresser

kondukter
conductor

mehaničar
mechanic

kapetan
captain

zubar
dentist

naučnik
scientist

rabi
rabbi

imam
imam

monah
monk

svećenik
pastor

alati

tools

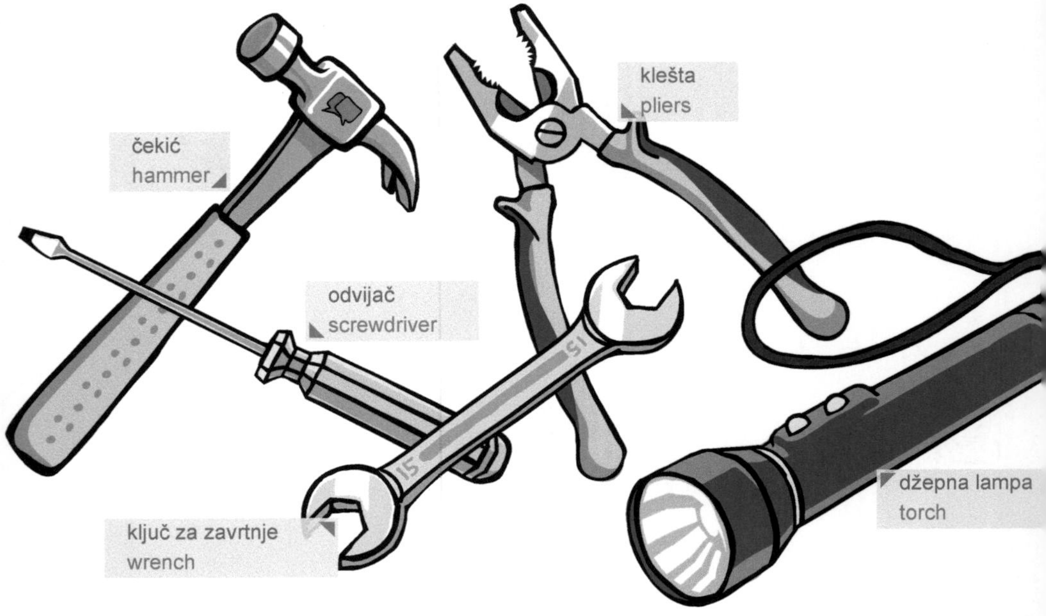
kliješta
pliers
čekić
hammer
odvijač
screwdriver
džepna lampa
torch
ključ za zavrtnje
wrench

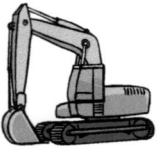

bager

excavator

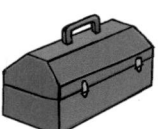

kutija za alat

toolbox

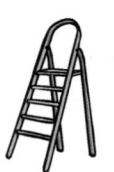

merdevine

ladder

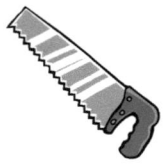

pila

saw

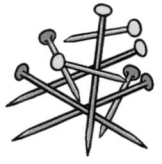

ekser

nails

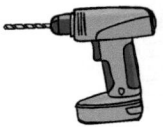

bušilica

drill

popraviti

repair

lopata

shovel

do đavola!

Damn!

lopatica

dustpan

lonac za boju

paint can

zavrtanji

screws

muzički instrument
musical instruments

zvučnik
loud speaker

bubnjevi
drum set

gitara
guitar

kontrabas
double bass

truba
trumpet

klavir

piano

violina

violin

bas

bass

timpani

timpani

udaraljke za bubnjeve

drums

tipke klavira

keyboard

saksofon

saxophone

flauta

flute

mikrofon

microphone

muzički instrument - musical instruments

zoološki vrt

zoo

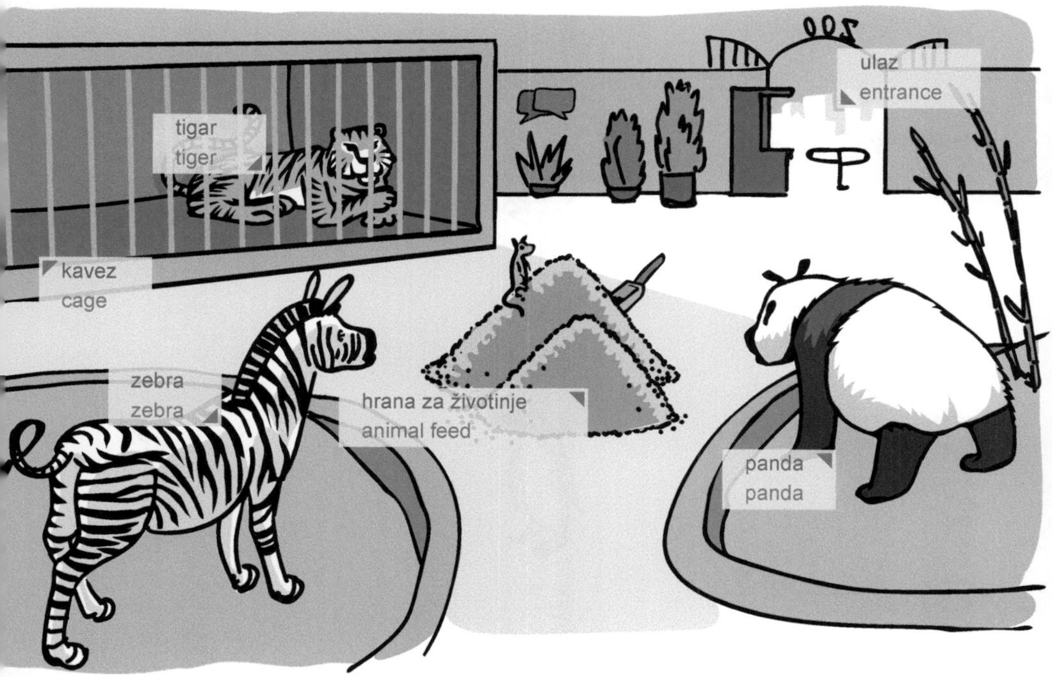
tigar
tiger
ulaz
entrance
kavez
cage
zebra
zebra
hrana za životinje
animal feed
panda
panda

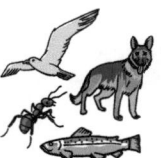

životinje

animals

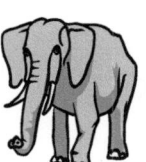

slon

elephant

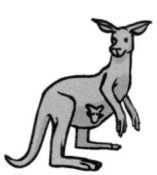

kengur

kangaroo

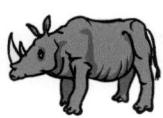

nosorog

rhino

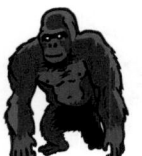

gorila

gorilla

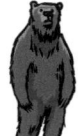

medved

bear

kamila

camel

noj

ostrich

lav

lion

majmun

monkey

flamingo

flamingo

papagaj

parrot

polarni medved

polar bear

pingvin

penguin

ajkula

shark

paun

peacock

zmija

snake

krokodil

crocodile

čuvar u zoološkom vrtu

zookeeper

tuljan

seal

jaguar

jaguar

zoološki vrt - zoo

poni

pony

leopard

leopard

nilski konj

hippo

žirafa

giraffe

orao

eagle

divlja svinja

boar

riba

fish

kornjača

turtle

morž

walrus

lisica

fox

gazela

gazelle

američki nogomet
American football

biciklizam
cycling

tenis
tennis

košarka
basketball

plivanje
swimming

boks
boxing

hokej na ledu
ice hockey

fudbal	badminton	atletika
soccer	badminton	athletics

rukomet	skijanje	polo
handball	skiing	polo

aktivnosti
activities

smejati se
laugh
skočiti
jump
zagrliti
hug
ići
walk
pevati
sing
sanjati
dream
moliti se
pray
poljubiti
kiss

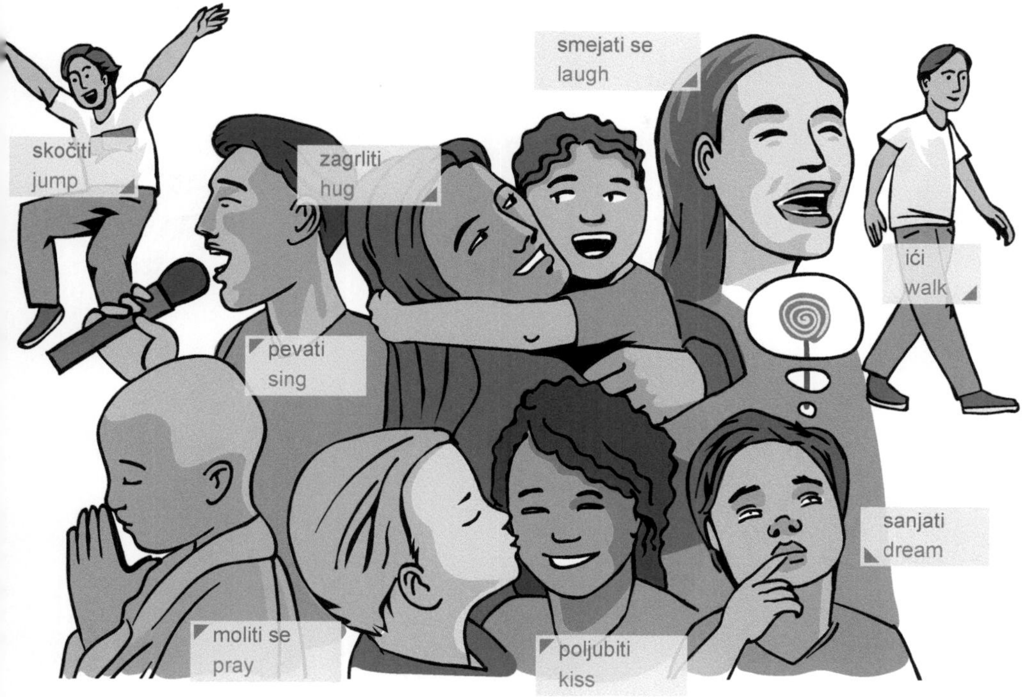

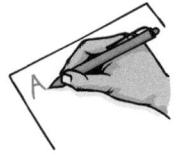

pisati

write

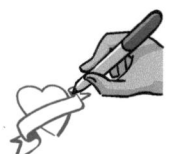

crtati

draw

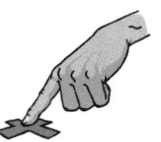

pokazati

show

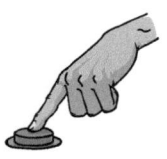

gurati

push

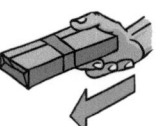

dati

give

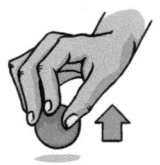

uzeti

take

imati

have

činiti

do

biti

be

stojati

stand

trčati

run

povlačiti

pull

baciti

throw

padati

fall

ležati

lie

čekati

wait

nositi

carry

sediti

sit

oblačiti

get dressed

spavati

sleep

probuditi se

wake up

gledati

look at

plakati

cry

milovati

stroke

češljati

comb

govoriti

talk

razumeti

understand

pitati

ask

slušati

listen

piti

drink

jesti

eat

pospremiti

tidy up

voleti

love

kuhati

cook

voziti

drive

leteti

fly

aktivnosti - activities

ploviti

sail

računati

calculate

čitati

read

učiti

learn

raditi

work

venčati se

marry

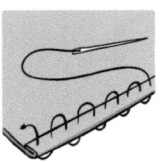

šiti

sew

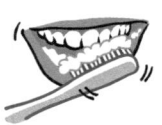

prati zube

brush teeth

ubiti

kill

pušiti

smoke

poslati

send

baka
grandmother

deda
grandfather

otac
father

majka
mother

beba
baby

kćerka
daughter

sin
son

gost
guest

tetka
aunt

ujak, stric
uncle

brat
brother

sestra
sister

telo

body

čelo
forehead
oko
eye
lice
face
brada
chin
grudi
breast
prst
finger
ruka
hand
ruka
arm
rame
shoulder
noga
leg

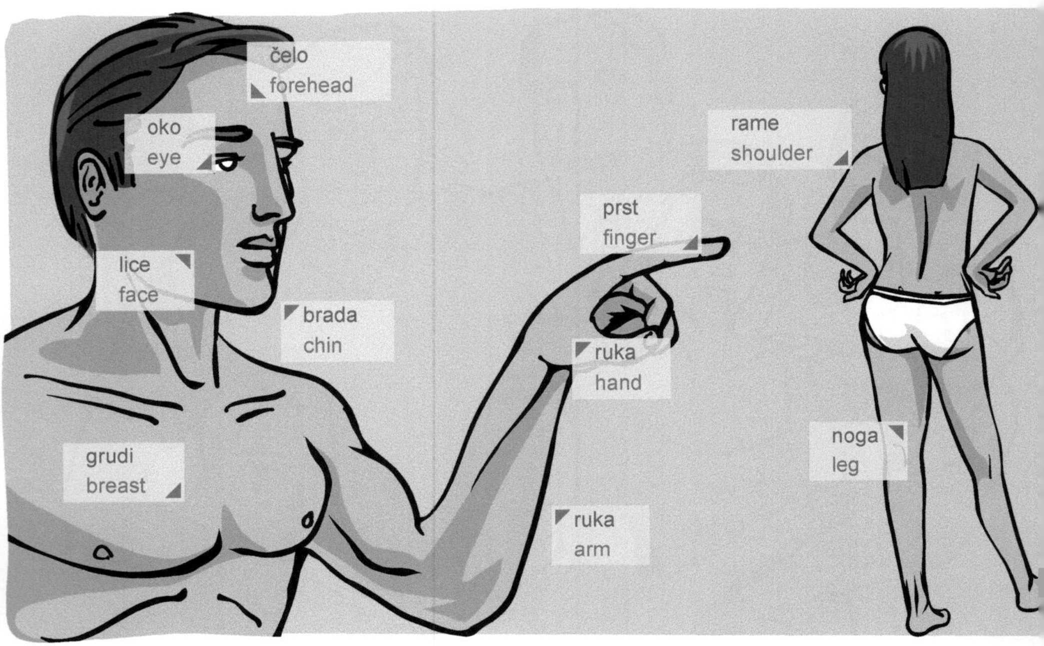

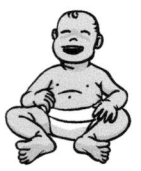

beba

baby

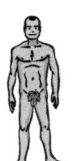

muškarac

man

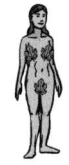

žena

woman

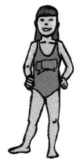

devojčica

girl

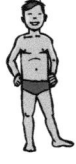

dečak

boy

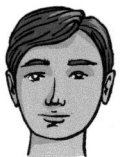

glava

head

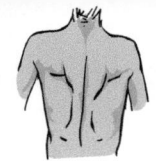

leđa
back

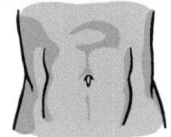

stomak
belly

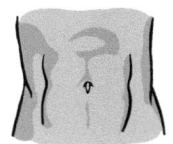

pupak
navel

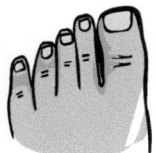

nožni prst
toe

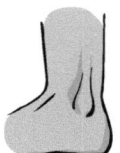

peta
heel

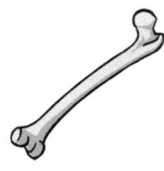

kost
bone

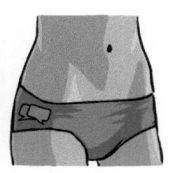

kukovi
hip

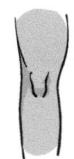

koleno
knee

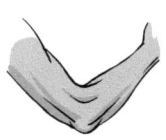

lakat
elbow

nos
nose

zadnjica
buttocks

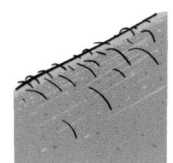

koža
skin

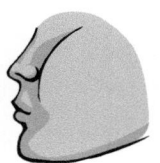

obraz
cheek

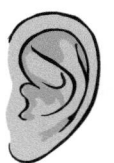

uvo
ear

usna
lip

usta

mouth

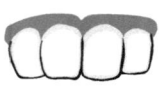

zub

tooth

jezik

tongue

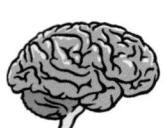

mozak

brain

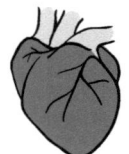
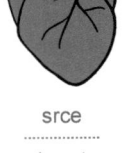

srce

heart

mišić

muscle

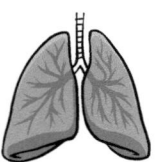

pluća

lung

jetra

liver

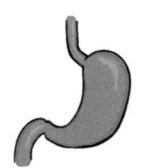

želudac

stomach

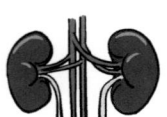

bubrezi

kidneys

polni odnos

sex

kondom

condom

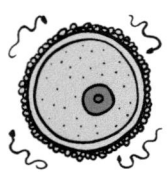

jajna ćelija

ovum

sperma

semen

trudnoća

pregnancy

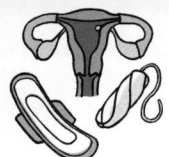

menstruacija

menstruation

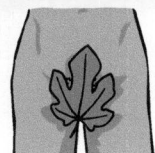

vagina

vagina

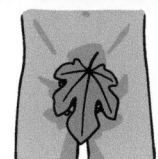

penis

penis

obrva

eyebrow

kosa

hair

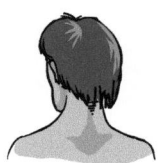

vrat

neck

bolnica

hospital

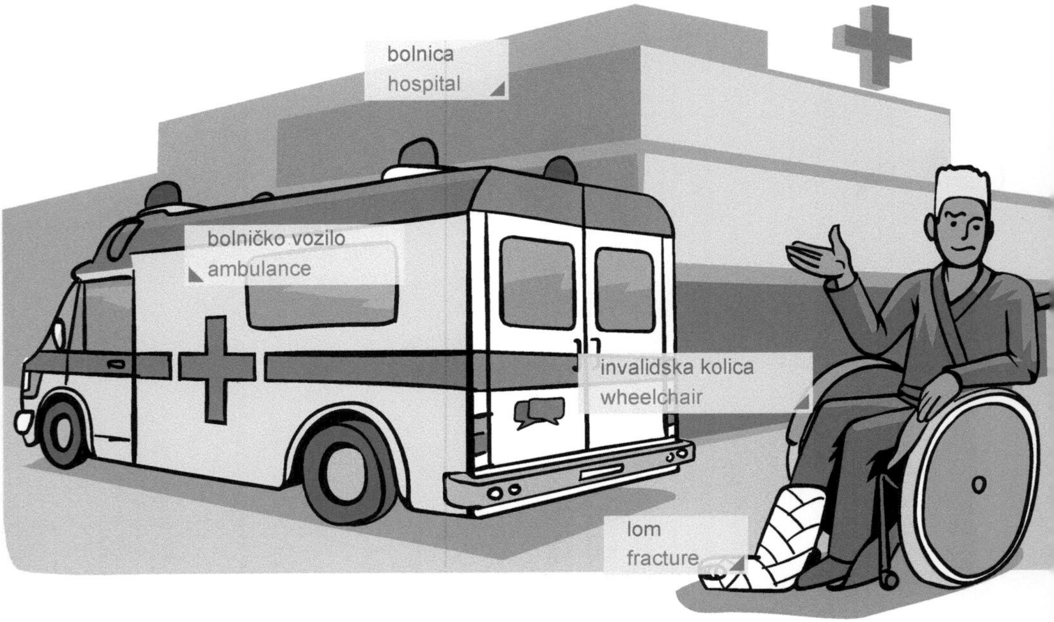

bolnica
hospital
bolničko vozilo
ambulance
invalidska kolica
wheelchair
lom
fracture

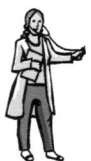

lekar

doctor

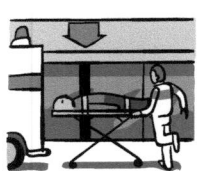

hitna medicinska služba

emergency room

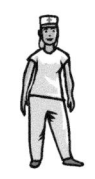

medicinska sestra

nurse

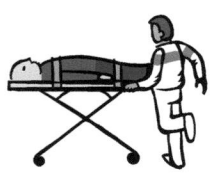

hitni slučaj

emergency

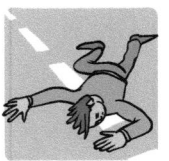

nesvest

unconscious

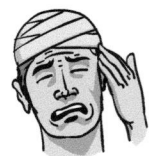

bol

pain

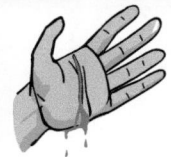

povreda

injury

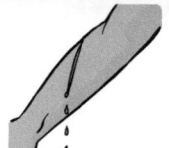

krvarenje

bleeding

srčani udar

heart attack

udar

stroke

alergija

allergy

kašalj

cough

groznica

fever

gripa

flu

proliv

diarrhea

glavobolja

headache

rak

cancer

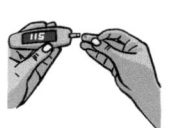

dijabetes

diabetes

hirurg

surgeon

skalpel

scalpel

operacija

operation

ct
....
CT

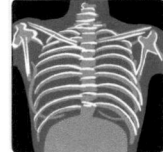

rentgen
....
x-ray

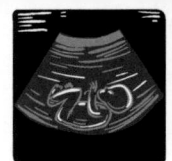

ultrazvuk
....
ultrasound

maska
....
face mask

bolest
....
disease

čekaona
....
waiting room

štaka
....
crutch

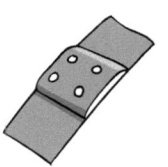

flaster
....
plaster

zavoj
....
bandage

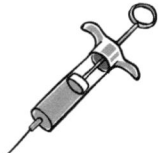

injekcija
....
injection

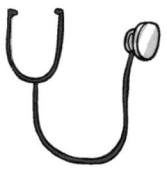

stetoskop
....
stethoscope

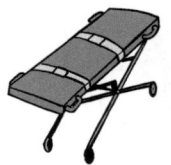

nosila
....
stretcher

termometar
....
clinical thermometer

rođenje
....
birth

prekomerna težina
....
overweight

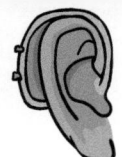

slušni aparat

hearing aid

sredstvo za dezinfekciju

disinfectant

infekcija

infection

virus

virus

HIV / AIDS

HIV / AIDS

medicina

medicine

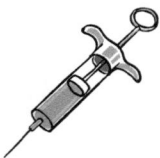

vakcinacija

vaccination

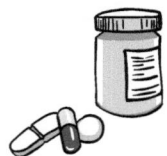

tablete

tablets

pilula

pill

hitni poziv

emergency call

uređaj za merenje pritiska

blood pressure monitor

bolesno / zdravo

ill / healthy

pomoć!

Help!

alarm

alarm

nasrtaj

assault

napad

attack

opasnost

danger

izlaz u slučaju nužde

emergency exit

požar!

Fire!

protivpožarni aparat

fire extinguisher

nezgoda

accident

kutija prve pomoći

first-aid kit

sos

SOS

policija

police

Evropa

Europe

Severna Amerika

North America

Južna Amerika

South America

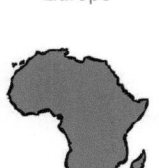

Afrika

Africa

Azija

Asia

Australija

Australia

Atlantik

Atlantic

Pacifik

Pacific

Indijski okean

Indian Ocean

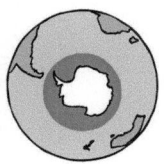

Antarktički okean

Antarctic Ocean

Arktički ocean

Arctic Ocean

Severni pol

North pole

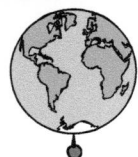

Južni pol
South pole

Antarktik
Antarctica

zemlja
earth

zemlja
land

more
sea

otok
island

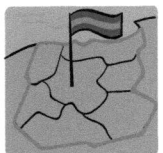

nacija
nation

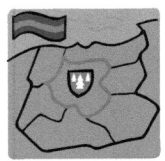

država
state

brojčanik sata

clock face

satna kazaljka

hour hand

minutna kazaljka

minute hand

sekundna kazaljka

second hand

Koliko je sati?

What time is it?

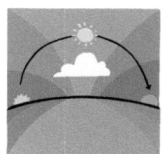

dan

day

vreme

time

sada

now

digitalni sat

digital watch

minuta

minute

čas

hour

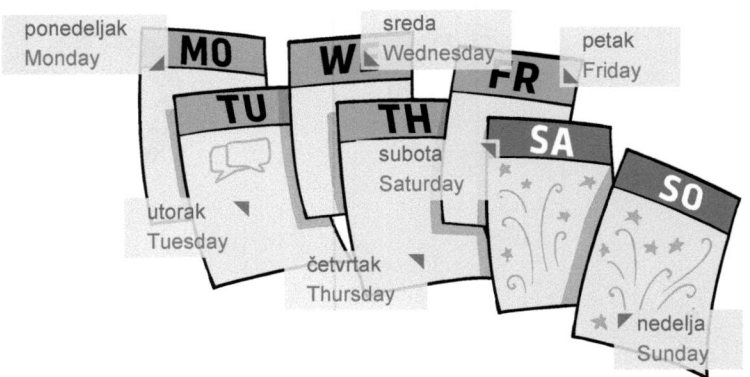

ponedeljak
Monday

sreda
Wednesday

petak
Friday

utorak
Tuesday

subota
Saturday

četvrtak
Thursday

nedelja
Sunday

juče

yesterday

danas

today

sutra

tomorrow

jutro

morning

podne

noon

veče

evening

radni dani

workdays

vikend

weekend

godina

year

kiša
rain
duga
rainbow
vetar
wind
sneg
snow
proleće
spring
leto
summer
jesen
fall
zima
winter

4.APRIL 11°
5.APRIL 4°
6.APRIL 13°
7.APRIL 8°
8.APRIL 10°

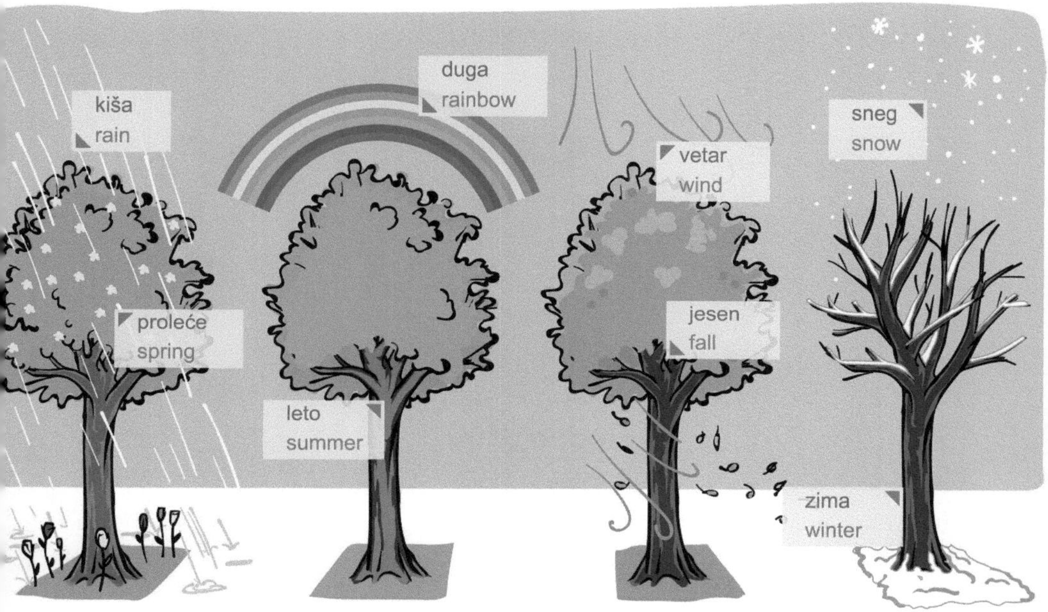

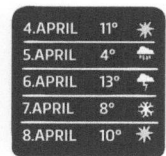

meteorološka prognoza

weather forecast

F
C
120
90
60
30
0
-30
40
30
20
10
0
-10
-20

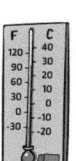

termometar

thermometer

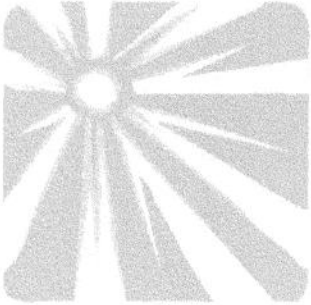

sunčana svetlost

sunshine

oblak

cloud

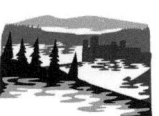

magla

fog

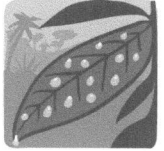

vlažnost vazduha

humidity

munja

lightning

grmljavina

thunder

oluja

storm

tuča

hail

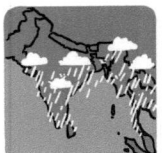

monsun

monsoon

poplava

flood

led

ice

januar

January

februar

February

mart

March

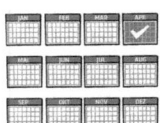

april

April

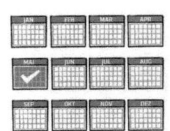

maj

May

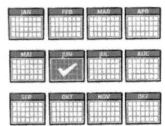

juni

June

juli

July

avgust

August

godina - year

septembar
....
September

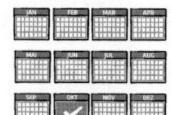

oktobar
....
October

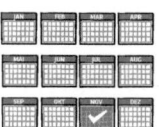

novembar
....
November

decembar
....
December

krug
....
circle

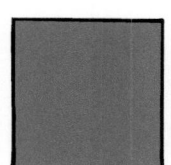

kvadrat
....
square

pravougao
....
rectangle

trougao
....
triangle

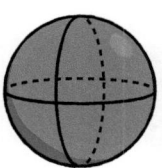

kugla
....
sphere

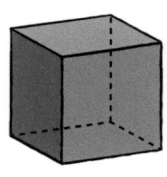

kocka
....
cube

bela
....
white

žuta
....
yellow

narandžasta
....
orange

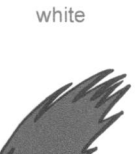

ružičasta
....
pink

crvena
....
red

ljubičasta
....
purple

plava
....
blue

zelena
....
green

smeđa
....
brown

siva
....
gray

crna
....
black

mnogo / malo

a lot / a little

ljutito / mirno

angry / calm

lepo / ružno

beautiful / ugly

početak / kraj

beginning / end

veliko / maleno

big / small

svetlo / tamno

bright / dark

brat / sestra

brother / sister

čisto / prljavo

clean / dirty

potpuno / nepotpuno

complete / incomplete

dan / noć

day / night

mrtvo / živo

dead / alive

široko / usko

wide / narrow

jestivo / nejestivo

edible / inedible

zlo / dobro

evil / kind

uzbuđeno / dosadno

excited / bored

debelo / mršavo

fat / thin

na početku / na kraju

first / last

prijatelj / neprijatelj

friend / enemy

puno / prazno

full / empty

tvrdo / mekano

hard / soft

teško / lagano

heavy / light

glad / žeđ

hunger / thirst

bolesno / zdravo

ill / healthy

ilegalno / legalno

illegal / legal

pametno / glupo

intelligent / stupid

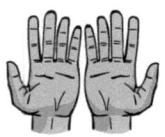

levo / desno

left / right

blizu / daleko

near / far

novo / polovno

new / used

ništa / nešto

nothing / something

staro / mlado

old / young

uključeno / isključeno

on / off

otvoreno / zatvoreno

open / closed

tiho / glasno

quiet / loud

bogato / siromašno

rich / poor

tačno / pogrešno

right / wrong

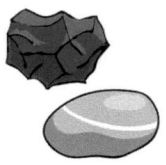

hrapavo / glatko

rough / smooth

tužno / sretno

sad / happy

kratko / dugo

short / long

polako / brzo

slow / fast

mokro / suho

wet / dry

toplo / hladno

warm / cool

rat / mir

war / peace

0

nula

zero

1

jedan

one

2

dva

two

3

tri

three

4

četiri

four

5

pet

five

6

šest

six

7

sedam

seven

8

osam

eight

9

devet

nine

10

deset

ten

11

jedanaest

eleven

12
dvanaest
twelve

13
trinaest
thirteen

14
četrnaest
fourteen

15
petnaest
fifteen

16
šestnaest
sixteen

17
sedamnaest
seventeen

18
osamnaest
eighteen

19
devetnaest
nineteen

20
dvadeset
twenty

100
stotinu
hundred

1.000
hiljadu
thousand

1.000.000
milion
million

engleski

English

američki engleski

American English

mandarinski kineski

Chinese Mandarin

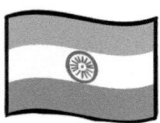

hindski

Hindi

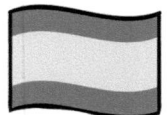

španski

Spanish

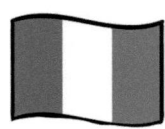

francuski

French

arapski

Arabic

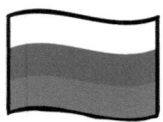

ruski

Russian

portugalski

Portuguese

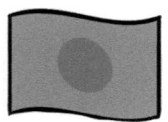

bengalski

Bengali

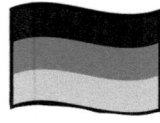

nemački

German

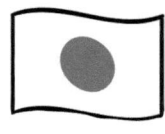

japanski

Japanese

ja

I

ti

you

on / ona / ono

he / she / it

mi

we

vi

you

oni

they

Ko?

who?

Šta?

what?

Kako?

how?

Gde?

where?

Kada?

when?

ime

name

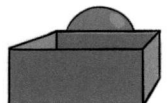

iza

behind

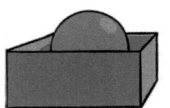

u

in

ispred

in front of

preko

over

na

on

ispod

under

pored

beside

između

between

mesto

place